少林武术精粹系列丛书

少林枪术（一）

德虔　德炎　编著

北京体育大学出版社

责任编辑：孙运娟
责任校对：孙　静
版式设计：李　鹤

图书在版编目（CIP）数据

少林枪术. 一 / 德虔, 德炎编著. -- 北京：北京体育大学出版社, 2022.1
（少林武术精粹系列丛书）
ISBN 978-7-5644-3582-0

Ⅰ. ①少… Ⅱ. ①德… ②德… Ⅲ. ①少林武术－枪术(武术)－套路(武术) Ⅳ. ①G852.23

中国版本图书馆CIP数据核字(2022)第007643号

少林枪术（一）
SHAOLIN QIANGSHU(YI)　　德虔　德炎　编著

出版发行：北京体育大学出版社
地　　址：北京海淀区农大南路1号院2号楼2层办公B-212
邮　　编：100084
网　　址：http://cbs.bsu.edu.cn
发 行 部：010-62989320
邮 购 部：北京体育大学出版社读者服务部 010-62989432
印　　刷：北京昌联印刷有限公司
开　　本：880mm × 1230mm　1/32
成品尺寸：148mm × 210mm
印　　张：1.75
字　　数：35千字
版　　次：2022年1月第1版
印　　次：2022年1月第1次印刷
定　　价：10.00元

（本书如有印装质量问题，请与出版社联系调换）

前　言

武术作为中国的国粹，是中华民族传统文化的组成部分。家喻户晓的少林武术便是其中极具代表性的门类，是中国武术的重要象征。

我社与少林武术结缘已久，伴随着时光的流逝，有多种内容、多样组合、各种形式的载有少林武术的出版物，源源不断地从我社注入市场，为方兴未艾的少林武术热潮平添了更高的热度。可以说，少林武术图书一直与我社相伴相随，成为我社具有长期出版价值的图书门类。其中，少林武术图书的编纂者——已故的王长青（法号释德虔）先生功不可没。他经年累月锲而不舍，寻于寺院、觅于乡间，挖掘出大量尘封的少林武术资料，继而分门别类梳理、整饬成一册册书稿，并与我社携手努力，打造出独树一帜的武术图书板块，为我社的武术图书出版打开了新局面。

今天，在着力弘扬中华优秀传统文化，树立和增强文化自信的大背景下，我社将以往出版的少林武术书籍重新进行了编排，以全新的面貌推出“少林武术精粹系列丛书”，这是我社多年来少林武术出版情结的延续，是对积累和沉淀的少林武术资源的再一次整合与展示，更紧密契合了时代的要求。

通过这套书，读者可以研习刚柔相济、闪转腾挪的少林功夫，可以感悟其中凝结的中华智慧，可以领略武术文化的博大精深……这便是我社对这套书出版价值的期待。

目　录

少林十三名枪

动作名称

预备势

1. 刺眉枪
2. 乌龙翻江
3. 鹞子翻身
4. 追蛇扎穴
5. 龙翻海涛
6. 回马枪
7. 透墙风
8. 钻金刚
9. 空枪诱敌
10. 飞云枪
11. 横闭门
12. 飞龙箭
13. 背枪二起脚
14. 坐山架枪

收　势

动作图解

预备势

右手握枪立于身体右侧，左手握拳，抱于身体左腰间，身体挺直，足立八字，目视前方。（图1）

1. 刺眉枪

右脚向左踢枪根，左脚向左上一步，身体左转90度，左腿屈膝成左弓步，左手握枪杆中段，右手下滑握枪根，枪尖由上向左向前上方刺，目视前方。（图2）

图1

图2

2. 乌龙翻江

两脚踮地，身体右转180度，右手向后抽枪，左手下滑握枪根，右手松把握枪中段，枪尖向左向下向上向前舞花，成右弓步刺枪，目视枪锋。（图3）

图 3

3. 鹞子翻身

两脚不动，上体后仰，两手持枪，向右上拦，然后两手交换位置，再向前下做劈枪动作，倒挽半花（图 4）；随即上左脚落于右脚前，身体右转 180 度，右脚落于左脚前，成右弓步，两手持枪向上抬，同时向枪根滑握，等转身后，由后向前刺枪（图 5）；随即再上左脚成左弓步，向前刺枪，目视枪锋（图 6）。

图 4

图 5

图 6

4. 追蛇扎穴

右脚向前跳一步，左脚落于右脚前，右腿屈膝成弓步，枪向左抡花，再向右抡花，然后向前下方劈打，再向前刺，身体稍向右转，目视左侧。（图 7）

图 7

5. 龙翻海涛

起身，两脚踮地，身体右转 90 度，成右弓步，两手持枪，左手向右手滑握，枪尖由左向前向右向上，再向左抡半周，枪根随势向前挑出（图 8）；随即抬左脚向前上一步，枪右抡花、左挽花，身体再右转，向前刺枪，目视前方（图 9）。

图 8

图 9

6. 回马枪

身体左转 90 度，两手持枪外绞，而后两腿成叉步，两手架前向左下方斜刺，目视枪锋。（图 10）

7. 透墙风

两手持枪，由左向前撩，身体右转 90 度，左手下滑握枪根，右手松把，握枪中段，再向右撩枪，同时右脚向前上一步，成右弓步，枪尖由左向前向右再向前画弧，向前刺枪，目视枪锋。（图 11）

图 10

图 11

8. 钻金刚

两手靠拢，身体左转 90 度，左抡花，身体再左转 90 度，抬右脚向前上一步，枪尖由右向下向左向上抡花后，向前刺枪，目视枪锋。（图 12）

9. 空枪诱敌

左手后抽枪，右手向枪尖端滑握收枪，上体后仰，左脚向前上一步成左弓步，枪根向前直戳（图 13）；随即两手靠拢抡花，枪把向下向左向上抡劈，而后右手松把握枪根，左脚收于右脚前，成左虚步，同时两手架枪向前下方刺，目视枪锋（图 14）。

图 12

图 13

图 14

10. 飞云枪

左脚踏实，右手外旋下落于右腰间，枪尖向下向左向上画弧抡花，右脚后退一步，身体右转 90 度，成右弓步，同时换把，枪尖由后向前上刺，目视枪锋。（图 15）

11. 横闭门

右脚向前垫半步，左脚向前上一步，成左弓步，同时收枪，两手分握枪杆向前猛推，枪锋向上，枪杆笔直，目视前方。（图 16）

图 15

图 16

12. 飞龙箭

左脚向左移一步，身体右转 180 度，抡花，抬右脚向前跳一步，同时再抡花，左脚落地，成左弓步，两手移把换手，持枪向前刺出，目视枪锋。（图 17）

13. 背枪二起脚

收枪，移把，身体右转 180 度，左手握枪、背枪，左脚向前上一步，右脚向前向上弹踢，出右手拍击右脚面，目视右手。（图 18）

图 17

图 18

14. 坐山架枪

右脚落地，身体左转 90 度，右手接枪，两脚向左右跳成马步，左手由胸前向外向下画弧，落于左膝盖上，拇指向后，右手持枪架于头上前方，枪锋向左，目视前方。（图 19）

收　势

起身，收右脚与左脚成八字并立，左手由下向外向上画弧后变拳，抱于腰左侧，拳心向上，同时右手枪锋向右画弧，笔直落于身体右侧，枪杆直立，枪锋向上，目视前方。（图 20）

图 19

图 20

少林梅花枪

动作名称

预备势
1. 丹凤朝阳
2. 金鸡独立
3. 吕布托戟
4. 马上刺枪
5. 穿心枪
6. 二郎担山
7. 回马枪
8. 左右绞枪
9. 锁喉枪
10. 太公划船
11. 十字披红
12. 吕布托戟
13. 回马杀枪
14. 迎门劈枪
15. 夜叉探海
16. 织女穿梭
17. 金鸡锁喉
18. 舞　花
19. 提靴纳枪
20. 弹枪踢球
21. 旋风枪
22. 锁喉枪
23. 绞　枪
24. 枯树盘根
25. 织女穿梭
26. 拦腰枪
27. 锁喉枪
28. 燕子掠水
29. 丹凤朝阳
收　势

动作图解

预备势

两脚并立，身体挺直，右手握枪，左臂下垂，左掌附于左大腿外侧，目视前方。（图 1）

接上动作，左脚向左跨半步，左掌变拳，抱于腰间，向左摆头，目视左侧。（图 2）

1. 丹凤朝阳

两脚不动，左拳变掌，向左侧摆掌，掌心向左，掌指向上，目视左手。（图 3）

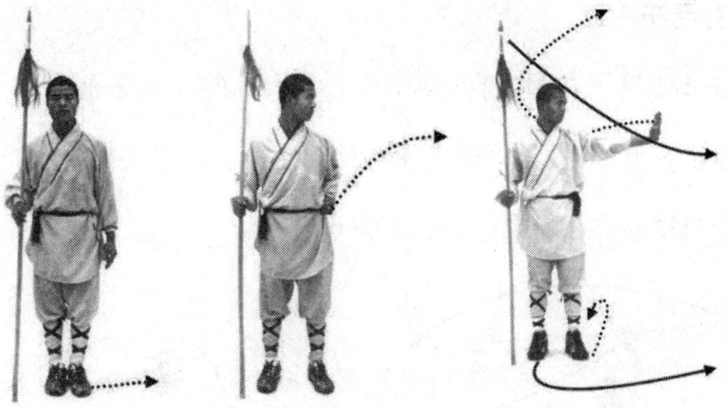

图 1　　图 2　　图 3

2. 金鸡独立

以两脚为轴，身体左转 90 度，抬右脚向前上一步，抬左腿向前提膝，同时右手握枪向左前方进枪，左掌架于头上前方，目视枪锋。（图 4）

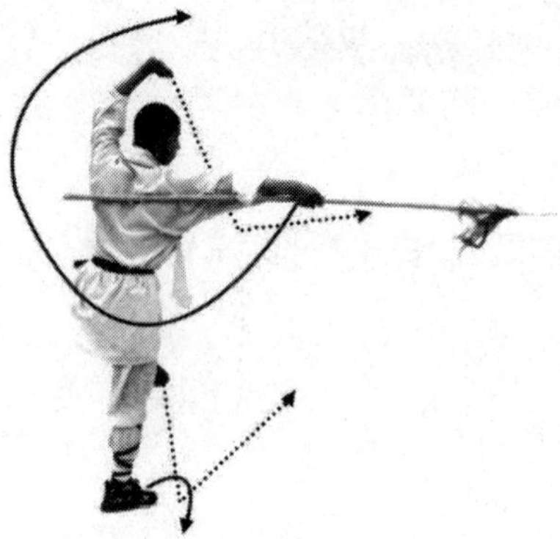

图 4

接上动作，左脚下落于右脚内侧一步，身体右转 180 度，右脚向后退一步，抬左腿向前提膝，同时右手握枪收回胸前，然后举臂架枪于头上，枪锋向左，左掌向左推出，目视左手。（图 5）

3. 吕布托戟

左脚下落于右脚内侧一步，身体左转 90 度，抬右脚向前上一步，身体继而左转 90 度，同时右手握枪舞半花，左手接枪，使枪体斜卧身前，枪锋向右，目视枪根。（图 6）

图 5

图 6

4. 马上刺枪

两脚不动，两手握枪由左向右舞花，目视枪锋。（图 7）

接上动作，左脚向前上一步，身体右转 90 度，两腿屈膝半蹲成马步，同时枪由后向前绕头向右侧前方斜刺，目视枪锋。（图 8）

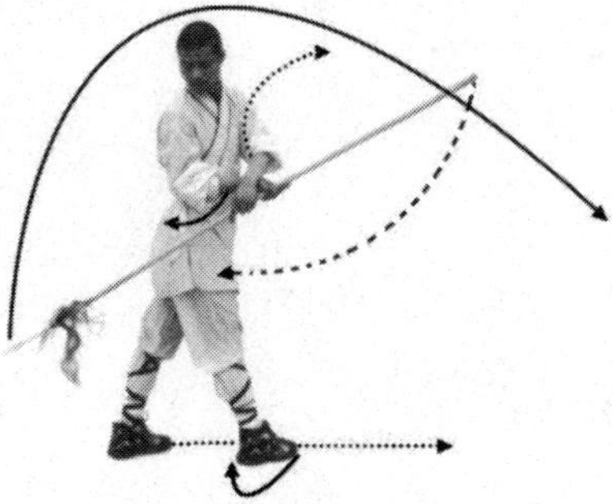

图 7

图 8

5. 穿心枪

抬右脚向左横上一步，然后抬左腿向后提膝，枪锋下沉，目视枪锋。（图 9）

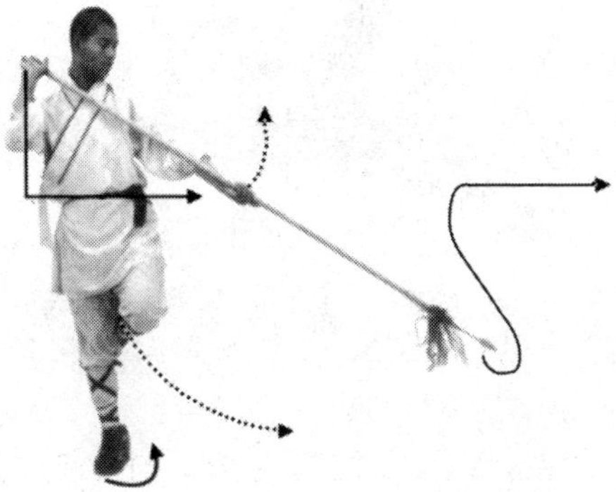

图 9

接上动作，左脚向左侧落地，身体左转 90 度，两腿成左弓步，同时两手托枪向左绞枪，然后左把后移，推枪向前直刺，目视枪锋。（图 10）

图 10

6. 二郎担山

以两脚为轴，身体右转 90 度，左腿全蹲，右腿伸直，成右仆步，同时枪根向右进，停于右脚之上，目视枪根。（图 11）

图 11

7. 回马枪

右脚不动，左腿提膝，同时左手脱把，向右屈肘亮掌，目视左侧。（图 12）

接上动作，左脚向右落一步，两腿成叉步，左手不变，目视左侧。（图 13）

图 12

图 13

接上动作，抬右脚向前上一步，然后先抬左脚，后抬右脚，向右翻身（转体 360 度）跳步，左手脱把，右手握枪前刺，目视枪锋。（图 14）

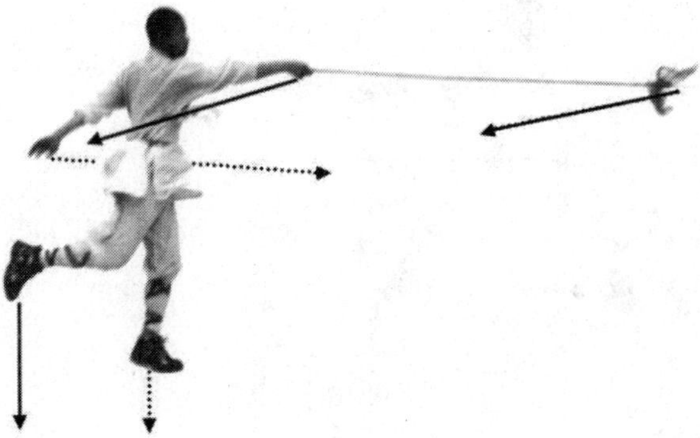

图 14

8. 左右绞枪

两脚落地后成开步，两手托枪由右向左绞枪，目视枪锋。（图 15）

图 15

接上动作，左脚向左跨半步，两腿成马步，两手托枪由左向右绞枪，目视枪锋。（图 16）

图 16

9. 锁喉枪

以两脚为轴，身体左转 90 度，两腿成左弓步，同时左手向后滑把，

两手托枪向前上方直刺，目视枪锋。（图 17）

图 17

10. 太公划船

右脚向前上一步，身体左转 90 度，同时右手向上移把，两手斜托枪，目视右侧。（图 18）

接上动作，左脚向前上一步，身体右转90度，两手倒把，向后划枪，目视左后方。（图19）

图 18

图 19

11. 十字披红

以两脚为轴，身体右转 90 度，两手握枪随身势向前斜托枪，目视枪锋。（图 20）

图 20

接上动作，以两脚为轴，身体右转 90 度，两手握枪舞花，目视前方。（图 21）

接上动作，左脚向前上一步，身体右转 180 度，抬右脚向右横垫一步，两腿成右横弓步，同时枪抡半花，然后两手托枪上架，绕头落于背肩上，目视左侧。（图 22）

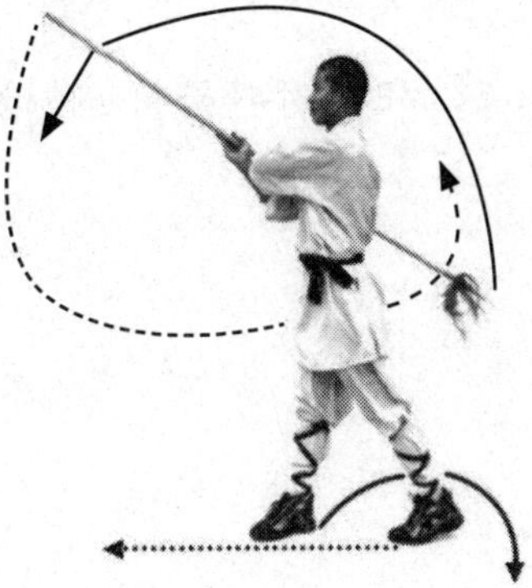

图 21

图 22

12. 吕布托戟

抬右脚向左后方落一步，身体右转 180 度，两腿成开步，枪仍背于肩，目视左侧。（图 23）

接上动作，以两脚为轴，身体右转 90 度，两腿成右弓步，同时枪由后绕头向前斜劈，目视枪锋。（图 24）

图 23

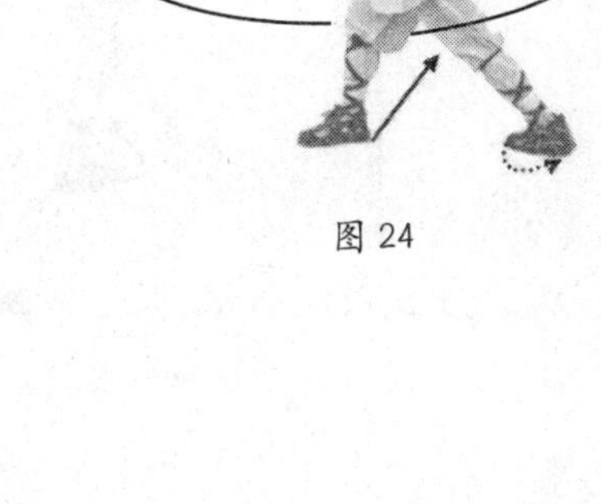

图 24

13. 回马杀枪

以两脚为轴，身体左转90度，右腿提膝，同时两手托枪向左拨枪，目视枪锋。（图25）

图 25

接上动作，右脚向右落地，身体右转90度，抬左脚向前弹踢，同时左把后滑，两手握枪向后仰身刺枪，目视枪锋。（图26）

图 26

14. 迎门劈枪

左脚向前落一步，身体右转 90 度，两腿屈膝成马步，同时两手握枪由后向前劈，枪锋向左，目视枪锋。（图 27）

图 27

15. 夜叉探海

以左脚为轴，身体左转 90 度，抬右脚向前弹踢，两手倒把，握枪头向前撩把，目视枪根。（图 28）

图 28

接上动作，右脚向后落一步，身体右转 90 度，两腿成右弓步，同时右手拉枪，左手滑把，两手托枪向左斜刺，目视枪锋。（图 29）

接上动作，抬左脚移于右脚后外侧一步，身体左转 180 度，两腿成左弓步，同时两手换把，向左前方斜刺枪，目视枪锋。（图 30）

图 29

图 30

接上动作，右脚移于左脚后外侧一步，身体左转 180 度，两腿成右弓步，两手换把，握枪向右前方斜扎枪，目视枪锋。（图 31）

图 31

16. 织女穿梭

以两脚为轴，身体左转 45 度，右腿提膝，同时左手向后滑把，两手握枪根向前刺枪，目视枪根。（图 32）

图 32

接上动作，右脚不落地，左脚不动，右手向右侧拉枪，枪锋向右，目视枪根。（图 33）

接上动作，右脚向右落地，左脚仍不动，左手握枪把下压，枪锋斜向上，目视枪锋。（图 34）

图 33

图 34

17. 金鸡锁喉

接上动作，以两脚为轴，身体右转 90 度，抬左脚向前上一步，两腿成左弓步，同时右手滑把，两手握枪向前直刺，目视枪锋。（图 35）

图 35

18. 舞　花

右脚向前上半步，两手握枪向左舞花，目视左前方。（图 36）

接上动作，往右舞花，目视枪锋。（图 37）

接上动作，身体左转90度，抬右脚向后提脚跟，向左舞花，目视枪根。（图38）

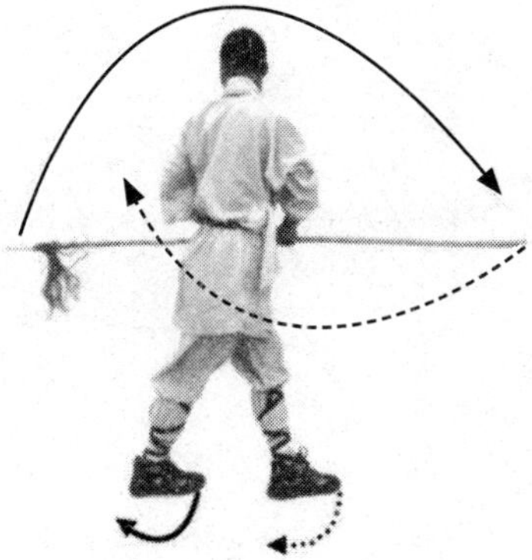

图 36

图 37

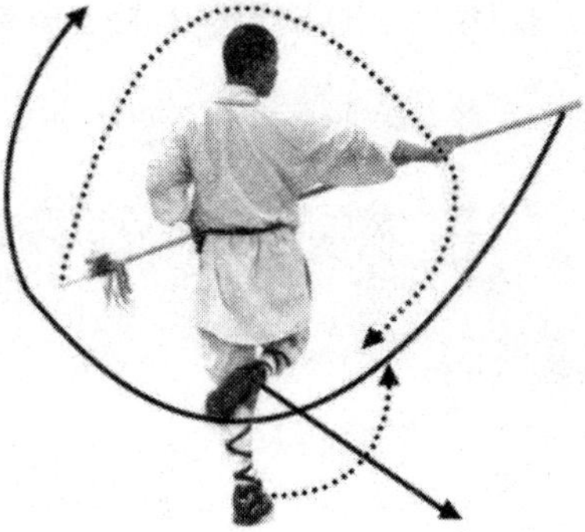

图 38

19. 提靴纳枪

右脚向右侧落地，身体右转 90 度，抬左腿向前提膝，同时两手握枪向右舞花，然后倒把向前斜扎枪，目视枪锋。（图 39）

20. 弹枪踢球

右脚不动，左脚稍向下沉，然后猛力向前踢枪，目视枪锋。（图 40）

图 39

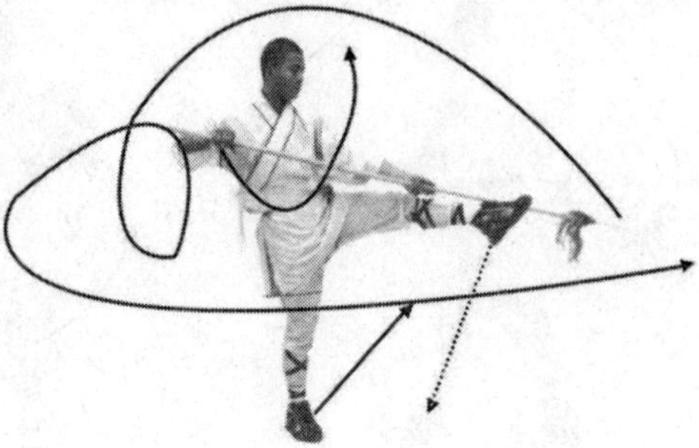

图 40

21. 旋风枪

左脚向前落地，身体左转 90 度，抬右腿向后屈足，同时左手向后滑把，两手握枪由前向后抡，右脚向前上一步，以左脚为轴，右腿提膝，身体左转 360 度，枪随身转，然后向前斜刺，目视枪锋。（图 41）

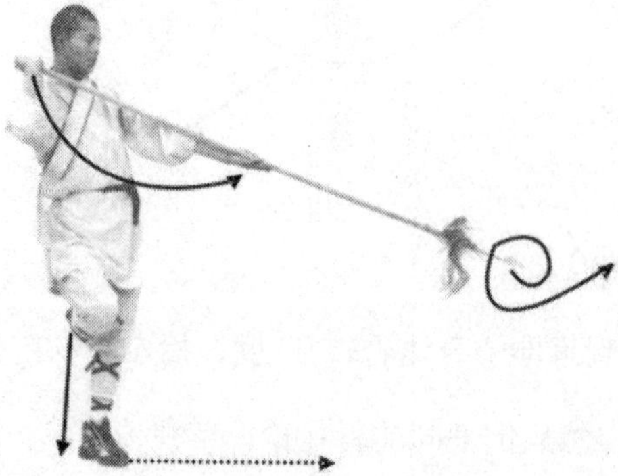

图 41

22. 锁喉枪

右脚向下落地，震脚，左脚向左上一步，身体左转 45 度，两腿成左弓步，同时左手后滑把，两手托枪向前刺绞再前刺，目视

枪锋。（图 42）

图 42

23. 绞 枪

左脚向后倒半步，两手持枪由右向左绞，目视枪锋。（图 43）

接上动作，左脚再向后退半步，右腿提膝，两手握枪由右向左绞，目视枪锋。（图 44）

图 43

图 44

24. 枯树盘根

右脚向后落地，身体右转 90 度，抬左脚移于右脚后外侧一步，两腿成叉步，同时向左绞枪，左手向前移把，两手向上架枪过头背于肩后，两腿全蹲成歇步，目视枪锋。（图 45）

25. 织女穿梭

起身，左脚向左跨一步，同时右手向左送枪，左手伸臂托枪，目视枪锋。（图 46）

图 45

图 46

接上动作，身体左转 90 度，抬右脚向前上一步，身体继而再左转 90 度，左手脱把，右手握枪向右穿刺，目视右侧。（图 47）

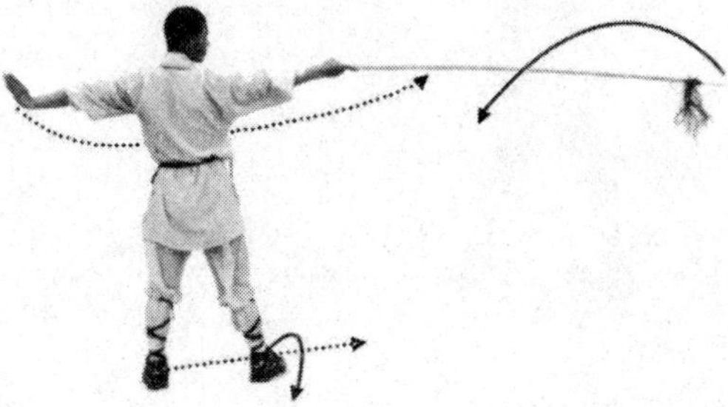

图 47

26. 拦腰枪

以两脚为轴，身体右转 90 度，抬右脚移于左脚后外侧，两腿成叉步，同时两手托枪向后拦，目视枪锋。（图 48）

接上动作，左腿提膝，两手托枪向右前方拦枪，目视枪锋。（图 49）

图 48

图 49

接上动作，左脚下落于右脚左侧一步，同时两手托枪由右向左拦，目视枪锋。（图 50）

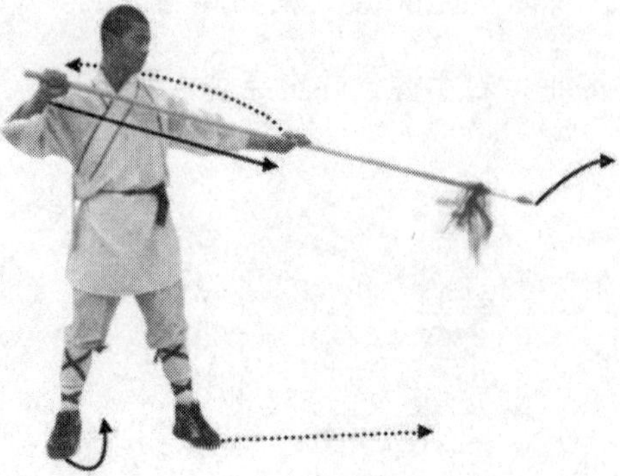

图 50

27. 锁喉枪

左脚向左跨半步，身体左转 90 度，两腿成左弓步，同时左手向后滑把，两手托枪向前直刺，目视枪根。（图 51）

图 51

28. 燕子掠水

左脚后退半步，身体右转 90 度，抬右脚向右移半步，两腿成右仆步，同时右手向右下方拉把，左手向上滑把，枪根附于右脚前，目视枪根。（图 52）

29. 丹凤朝阳

起身，两手托枪由左向右上方撩，然后收左脚与右脚成并步，同时枪向右竖直沉把，枪锋向上，左手向左伸臂摆掌，目视左手。（图53）

图 52

图 53

收 势

两脚不动，收左手向内，垂臂，左掌附于左大腿外侧，身体挺直，目视前方。

二路梅花枪

动作名称

预备势

1. 进退连环枪

2. 弓步上扎枪

3. 转身莲花舞

4. 金童梭枪

5. 鹞子倒翻身

6. 偷使回马枪

7. 抖手咽喉枪

8. 根打把面枪

9. 滚身刺一枪

10. 转身两刺枪

11. 迎面卧心枪

12. 弓步挑把

13. 巧使腋窝枪

14. 转身莲花舞

15. 立脚镇中岳

收　势

动作图解

预备势

右手握枪杆立于右侧，左手握拳，抱于腰间，两脚成八字并立，目视前方。（图 1）

1. 进退连环枪

右脚踢枪根，左手向右握枪根，左脚向左垫一步，再向左上一步，成左弓步，两手持枪由上向右前刺（图 2）；右手向下滑握，左手向上滑握，枪锋由前向下向左再向上向前画弧一周，同时向右转体 90 度，左脚向右脚回收，成丁字步，向前下扎枪（图 3）；左脚踏实，双脚向前跳成左弓步，同时枪锋由前向下向后再向上画弧一周，向前上方扎枪，右手在后，紧贴于腹前，枪锋斜向上，目视枪锋（图 4）。

图 1

图 2

图 3

图 4

2. 弓步上扎枪

抬右脚向前上步，成右弓步，枪锋沿着身体左侧，向下向后再向上画弧一周，向前上方扎枪，右手在后，左手在前，目视枪锋。(图5)

图 5

3. 转身莲花舞

右脚后退一步，身体右转 180 度，成右弓步，同时枪锋沿着身体右侧向下（换手）向前再向上向后舞花一周半，向前上方刺枪（枪

锋斜向上），目视前方。（图 6）

图 6

4. 金童梭枪

身体左转 180 度，右脚向前上一步，成右弓步，同时右手下滑握枪根，左手上滑握枪杆下中段，使枪锋沿着身体左侧，向下向前再向上向后舞花，向前梭刺，目视枪锋。（图 7）

图 7

5. 鹞子倒翻身

身体左转 90 度，扳左右两枪（也叫凤凰点头）（图 8）；身体稍右转，成左弓步，两手持枪向右向后再向前抡，同时向左转体 90 度，左脚向前上半步，右脚向前滑半步，再由后向前刺中平枪，右手扶后，左手扶前，目视前方（图 9）。

图 8

图 9

6. 偷使回马枪

左脚向后退一步，右脚再向后退一步，两腿成叉步，右手后抽枪根，由头上向左扎枪（图 10）；身体右转 90 度，两手持枪向里向外再向上画一小圈，然后枪随身动，由后向上向前下方盖枪，左手在前，右手在左腋下，上左脚成左弓步，目视枪锋（图 11）。

图 10

图 11

7. 抖手咽喉枪

身体右转 180 度，右脚向前上半步成右弓步，同时两手持枪舞花（由左前下方沿着身体右侧随转体换手抡枪），再由后向前刺中平枪，目视前方。（图 12）

图 12

8. 根打把面枪

左脚上前成左弓步，回枪前刺（图 13）；右手下滑握枪把（左手上滑）并往回抽枪，然后向左向下再向右画一小圈，同时左脚向右脚后移，随扎枪动作，左脚再上前仍成左弓步，两手握枪向前上方刺，目视枪锋（图 14）。

图 13

图 14

9. 滚身刺一枪

两手持枪沿着身体左侧舞花，向右转体 180 度，而后左右手换握枪杆中段，左脚向前上一步，成左弓步推枪势，右手在上，左手在下，目视前方（图 15）；右脚向前上一步，两手持枪，枪根向前向上再向后沿着身体左侧画一立圆，同时换手，将枪向前托起，右手在下，左手在上，目视前方（图 16）。

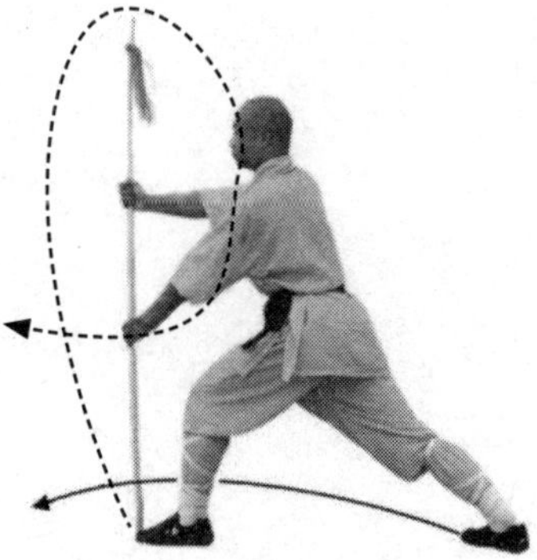
图 15

图 16

10. 转身两刺枪

身体左转 180 度，两手持枪，枪锋向外向里画一立圆，而后成左弓步刺枪（图 17）；然后两手向内绞枪，同时两脚各退一步，换手，身体右转 180 度，成右弓步，两手持枪（右手在前）前刺，目视枪锋（图 18）。

图 17

图 18

11. 迎面卧心枪

左脚上前一步，右脚再上前一步，成右弓步，两手握枪回收，枪锋向左向下向右向上画一立圆后再向前上方刺，目视枪锋。（图 19）

12. 弓步挑把

重心后移，左手回抽把，右手下滑，上体微右转，左脚上一步，成左弓步，向上挑把，目视枪根。（图 20）

图 19

图 20

13. 巧使腋窝枪

左脚后退一步，上体微向左转，两脚向右跳一大步，右脚落于左脚外侧成叉步，左手推枪向前下方刺，再出腋下向后刺，目视枪锋。（图21）

14. 转身莲花舞

右脚向后退一步，向左转体90度，成左弓步，左手外旋，握枪回抽，枪锋向下向右再向上向前画弧，然后右手下移握枪根，左手上移握枪杆中段，向前刺枪，目视枪锋。（图22）

图 21

图 22

15. 立脚镇中岳

右脚向左跳一步，左腿伸直，右腿半蹲，两手握枪由上向左打，再向前刺（图23）；起身，身体微右转，右手向前推枪，左手下滑与右手靠拢后，右手松把，握枪杆中段，由左向上抡枪，并向右刺枪，目视枪锋（图24）；收左脚与右脚并步，左手向前推枪，右手下滑与左手靠拢，左手松把，握枪杆中段，由右向上向左抡枪，并向左刺枪，目视前方（图25）。

图23

图24

图25

收　势

身体右转 90 度，右脚飞起打二起踩脚，同时背枪（图 26）；身体左转 90 度，收右脚，右手竖枪于身体右侧，左手握拳，抱于腰间，身体挺直，目视前方（图 27）。

图 26

图 27